BEI GRIN MACHT SICH IHR WISSEN BEZAHLT

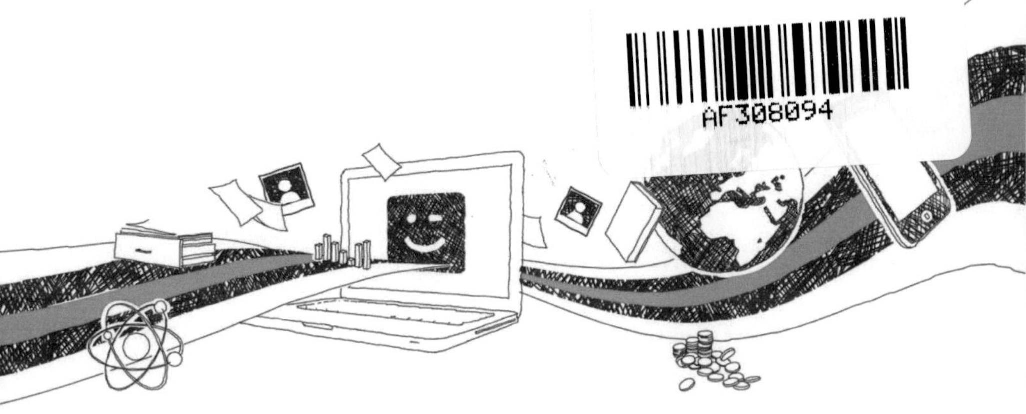

- Wir veröffentlichen Ihre Hausarbeit, Bachelor- und Masterarbeit

- Ihr eigenes eBook und Buch - weltweit in allen wichtigen Shops

- Verdienen Sie an jedem Verkauf

Jetzt bei www.GRIN.com hochladen und kostenlos publizieren

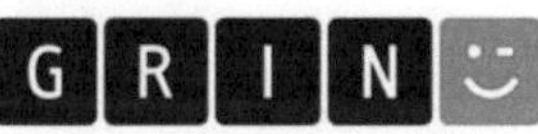

Natalie Mazur

Die Körperwelten und Co. Ist die heutige Kunst eine Kunst des Schocks?

GRIN Verlag

Bibliografische Information der Deutschen Nationalbibliothek:

Die Deutsche Bibliothek verzeichnet diese Publikation in der Deutschen National-bibliografie; detaillierte bibliografische Daten sind im Internet über http://dnb.d-nb.de/ abrufbar.

Impressum:

Copyright © 2015 GRIN Verlag, Open Publishing GmbH
Druck und Bindung: Books on Demand GmbH, Norderstedt Germany
ISBN: 978-3-668-00820-5

Dieses Buch bei GRIN:

http://www.grin.com/de/e-book/302629/die-koerperwelten-und-co-ist-die-heutige-kunst-eine-kunst-des-schocks

Warum gehen klassische ästhetische Kategorien, wie Schönheit, Harmonie und Mimesis zu Ende? Welche Funktionen erfüllt die heutige Kunst ? Kann die Kunst schaden? Ist die Zensur der Kunst ab und zu notwendig oder unzulässig ? Welche Fragen stellt sich der Kunst-Empfänger heute? Ist die Kunst zu diesen Zeiten vorwiegend die Kunst des Schocks ?

Der Beitrag ist eine Reflexion über das Wesen der Kunst heutzutage, in dem ich versuchen werde, auf die oben angeführten Fragen zu beantworten. Als Beispiel werden mir verschiedene, unkonventionelle, schockierende Ausstellungen und Unterfangen dienen. Ich unternehme eine Reflexion, ob die Kunst heute *l'art pour l'art* ist, um Ruhm zu erlangen oder vielleicht trägt sie doch mit sich einen tieferen Gedanken und liefert etwas wichtiges. Oder ganz im Gegenteil, der Künstler ist heute zum Schockieren gezwungen, da es die einzige Möglichkeit sei auf wichtige und oft verschwiegene Probleme aufmerksam zu machen und sich beim Publikum Respekt zu verschaffen?

Von uralten Höhlenmalereien bis hin zu „modernen Farbklecksen" – seit jeher ist die Kunst eines der wichtigsten Ausdrucksmittel des Menschen. Bis heute ist sie, egal ob in Form von bildender Kunst, Musik oder Literatur fest in unserer Kultur verankert. So stellen beispielsweise zahlreiche Kunstateliers von klassischen Gemälden bis hin zu schockierenden Werken alles aus. Vor allem in der modernen bildenden Kunst finden sich viele provokante Kunstwerke, mit denen extravagante Künstler auch Tabus brechen und heftige Diskussionen auslösen.

In einer Welt, wo fast alles, wenn man es nur richtig und geschickt präsentiert, Kunst sein könnte, ist der Betrachter verwirrt. Natürlich war es schon oft der Fall, dass gegenwärtige Kunst unverstanden oder unterschätzt bleiben musste.

Doch immerhin ist es selten geworden, dass bildende Kunst heute „etwas darstellt." Mit anderen Worten: kaum je entwickeln oder vergegenwärtigen Bilder und Skulpturen derzeit Gestalt eines Objektes aus bestimmten Perspektiven. Immer weiter am Rand steht auch das „Ausdrücken" von individuellen Gefühlen und Visionen. Wenn aber derart klassische Funktionen wie „Darstellung" oder „Ausdruck" von der bildenden

Kunst jetzt kaum mehr realisiert werden, worum kann und soll es dann den Künstlern gehen – und worum geht es uns, wenn wir Bilder aus der Gegenwart betrachten, bewundern und manchmal auch kaufen? Was „wollen" wir und was „wollen" Künstler, bewusst, halbbewusst, vorbewusst? Und was könnte die „richtige" Einstellung zur gegenwärtigen Kunst sein?[1] Was ist eigentlich noch heutzutage Kunst? Wer ist ein Künstler? Was ist ein Kunstwerk? Darf die Kunst alles? Diese Fragen werden häufig zur öffentlichen Debatte gestellt.

Meiner Ansicht nach kann Kunst nicht verbindlich und objektiv definiert werden, obwohl man versucht, sie auf verschiedene Art und Weise zu beschreiben, z.B.:

1. Kunst findet auf komplexe Zusammenhänge in allen Lebensbereichen, kreative und mehrperspektivische Antworten, die in sich dem Geist der Individualität entsprechen und aus dem kollektiven Gedächtnis und Verständnis der Welt geschöpft werden. Kunst ist somit die einzig akzeptable Auseinandersetzungsform, Kultur und Politik real und visionär weiterzuentwickeln.[2]

Eine andere Definition

2. Kunst ist eine Ausdrucksform von Gedanken, Gefühlen, Emotionen.[3]

Ein weiteres Bespiel, wie man die Kunst zu definieren versucht:

3. Kunst = Die Vergangenheit, Gegenwart und Zukunft in ihren verschiedensten Farben, Formen und Klängen zu zeigen.[4]

4. Manche behaupten sogar, dass alles, was uns umgibt, Kunst sei, und jeder, der sie schafft, ein Künstler sei. Doch, dass ist eine weitgehende und etwas meiner Ansicht nach übertriebene Formulierung.

---

[1] Hans Ulrich Gumbrecht: Was ''will'' die Kunst der Gegenwart ?

[2] Dagmar Reichert: Zur Forschung der Kunst, , Zugriff vom 25.03.2014 10:00 Uhr

[3] www.artfocus.com/kunst/, Zugriff vom 25.03.2014 10:30 Uhr

[4] www.allesistkunst.de, Zugriff vom 25.03.2014 10:45 Uhr

Trotz der Vielzahl von Definitionen, hat man oft den Eindruck, dass die Kunst ihre primären Aufgaben nicht ausfüllt. Kunst ist fast schon ein Synonym von Schockieren geworden. Worauf konzentriert sich der gegenwärtige Künstler? Auf das Werk, auf das Ethische, auf den Inhalt oder vielleicht doch nur noch auf seine Popularität.

Natürlich sind wir uns als moderne Betrachter dessen bewusst, dass Kunst heutzutage gezwungen ist zu provozieren und auf ihre Botschaft aufmerksam zu machen. Doch darf die Kunst alles? Ich möchte ein paar ungewöhnliche und umstrittene Kunst-Unterfangen ansprechen und die Frage danach stellen, ob alle diese Beispiele wirklich als Kunst zu betrachten sind.

1. - In Berlin gebar eine Frau in der *DNA Galerie* vor 30 Gästen ein Kind im Rahmen eines Kunstprojektes. Sie unterstütze damit ihren Freund, einen Künstler, und damit auch seine Kunstausstellung „Geburt“.

2.- Andres Serrano ist ein US-amerikanischer Fotokünstler.

a) „Piss Christ" heißt das Werk, das den Fotografen 1989 schlagartig berühmt machte und einen der großen Kunstskandale in den USA auslöste. Zu sehen war die Fotografie eines in Urin getauchten Kruzifixes.

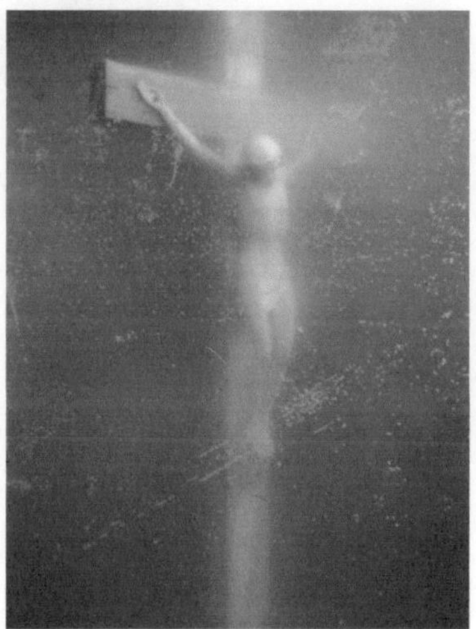

Abb.1

b) Für die Serie "The Morgue" ging der Künstler in ein Leichenschauhaus. Serrano fotografierte Mordopfer, Ertrunkene, Selbstmörder. Der wollte die Toten aus der Wirklichkeit entheben, sie zu anonymen Körpern machen, damit deren Persönlichkeitsrechte nicht verletzt würden. Und er wollte zeigen, dass es sich um Kunstwerke handelt, nicht um Dokumentationen. "Ich bin Künstler - kein Journalist", sagte er.

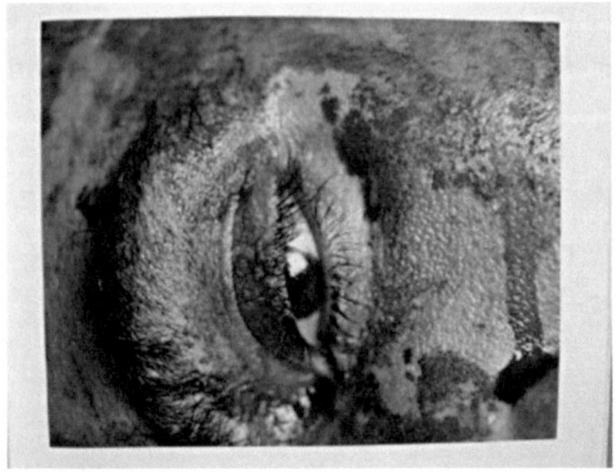

Abb.2

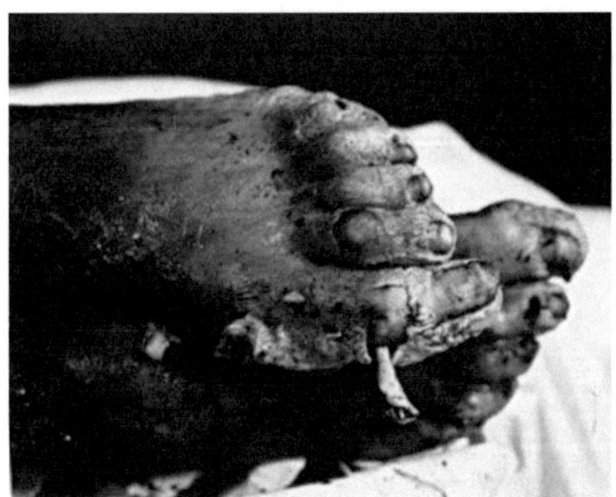

Abb.3

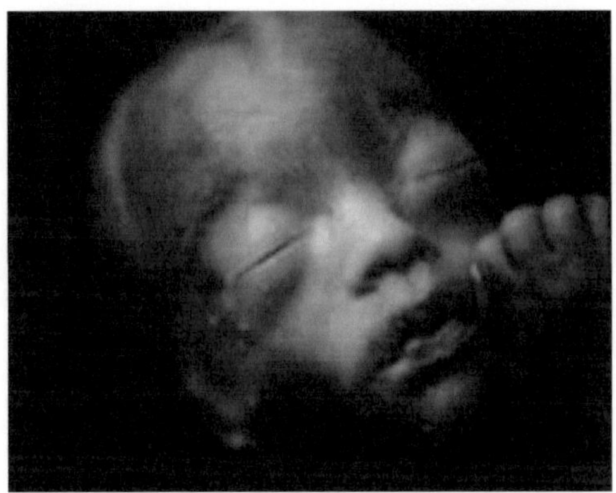

Abb. 4

c) In der Serie "A History of Sex", in Amsterdam entstanden, zeigt Serrano Menschen mit ihren ungewöhnlichen sexuellen Vorlieben und Neigungen: Sadomasochismus, Sodomie, Transsexualität. "Der einzige Unterschied zwischen Pornografie und Kunst: Kunst ist teurer", meinte er.[5]

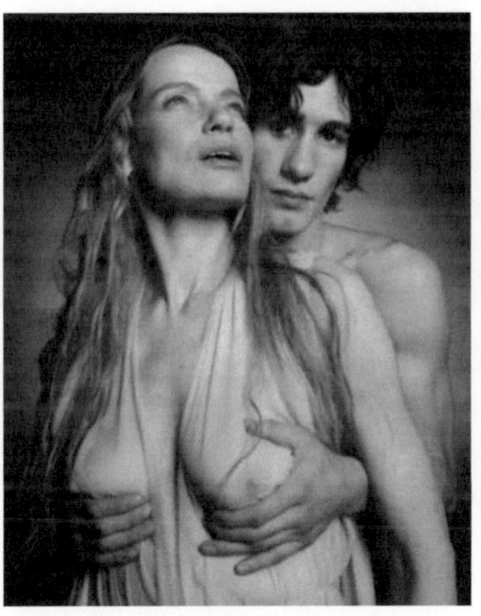

Abb. 5

---

[5] www.artnet.com, Zugriff vom 23.04.2014, 09:07 Uhr

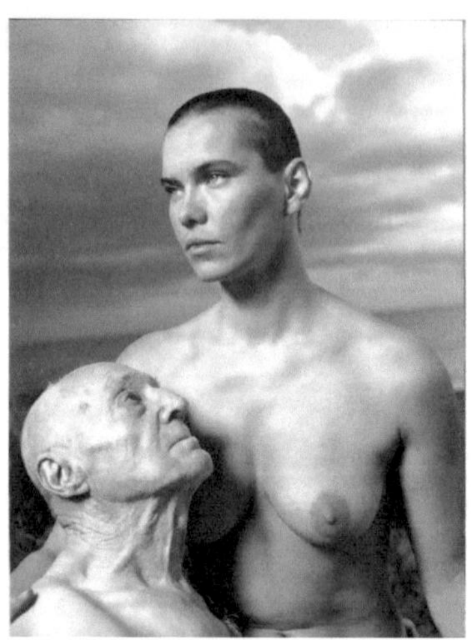

Abb. 6

- In Berlin warf der Österreicher Wolfgang Flatz im Rahmen seiner Kunstausstellung „Fleisch" eine tote Kuh vom Hubschrauber auf einen Platz herunter, um ihren Körper platzen zu lassen und die daraus resultierende Sauerei als Kunst zu zeigen. Der Künstler selber hing nackt und mit Blut verschmiert an einem Kran. Diese Aktion wurde von Tierschützern gestört. Es waren aber auch tausende dabei, die den Aktionskünstler lobten. Bei einer anderen Gelegenheit ließ er sich als Glockenpendel zwischen zwei Platten hin- und her schlagen, bis er ohnmächtig wurde.

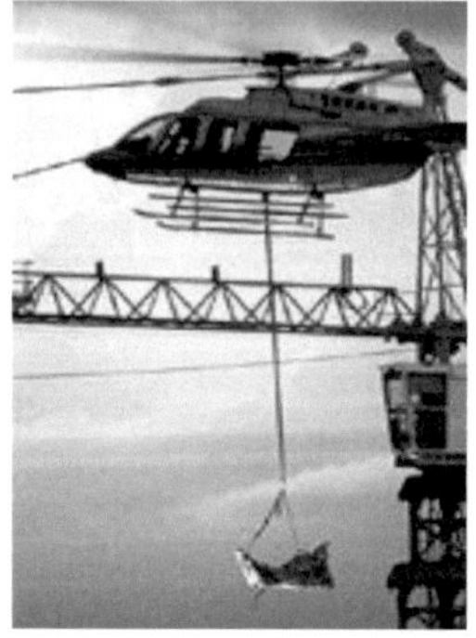

Abb. 7

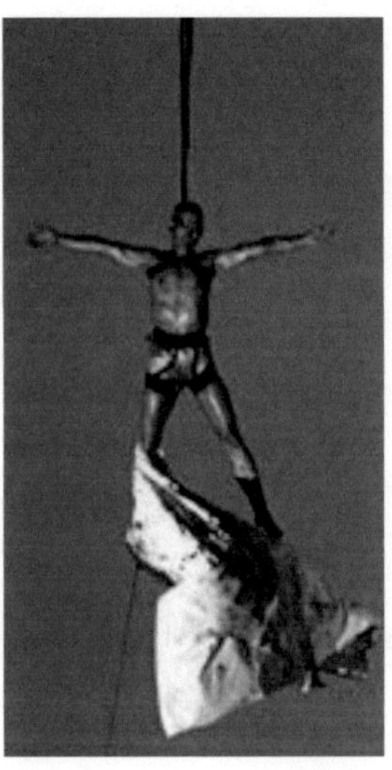

Abb. 8

- Als extrem wird ebenfalls der aus Österreich stammende Künstler Hermann Nitsch angesehen. Seine Kunst, die er in den 60er Jahren privat vorführte, wurde inzwischen zu einem Massenereignis: Hunderte von Menschen treffen sich, um an seinen „Aktionen" teilzunehmen, die manchmal sogar tagelang dauern können. Dabei werden die Jünger des Künstlers nackt an Kreuze gefesselt, mit Tierkadavern, Gedärmen, Innereien und Blut beschmiert. Es wird in Blut gebadet, in geschlachteten Rindern gewindet und nackte, herumliegende Menschen werden mit allem, was aus den toten Tieren stammt, belegt.[6]

---

[6] http://www.nitsch.org/index-de.html, Zugriff vom 24.03.2014 14:05

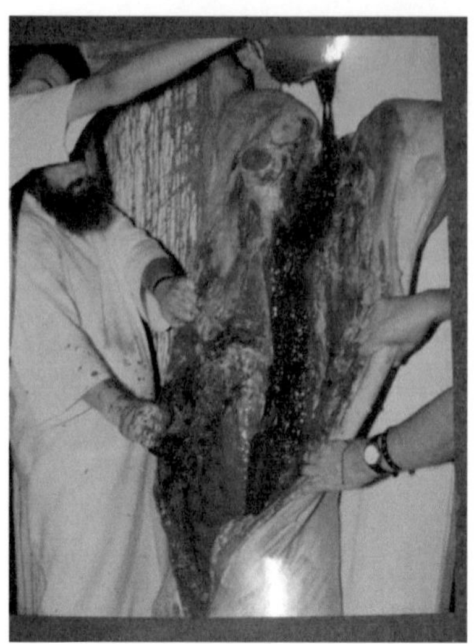

Abb. 9

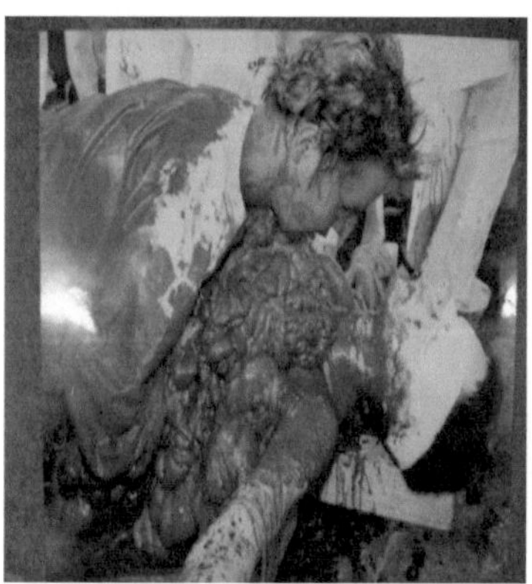

Abb. 10

- Gunther von Hagens stellt die Toten künstlerisch auf. Sie posieren, fechten, spielen Schach und er plant sogar eine Frau und einen Mann mitten im Geschlechtsakt darzustellen. Nicht zu vergessen sind dabei Frauen, die Kinder in der Gebärmutter in sich tragen. Er selber hat sich auch sehr oft auf die Kunstfreiheit bezogen, als er kritisiert wurde. Angeblich sollen viele der Toten aus der Volksrepublik China stammen

– es ist nicht auszuschliessen, dass es sich hier um exekutierte Strafgefangene handelt. Er hat auch eine Art Fabrik eröffnet, um zu präsentieren, wie er die Toten präpariert. Er sezierte in London auch öffentlich eine Leiche.[7]

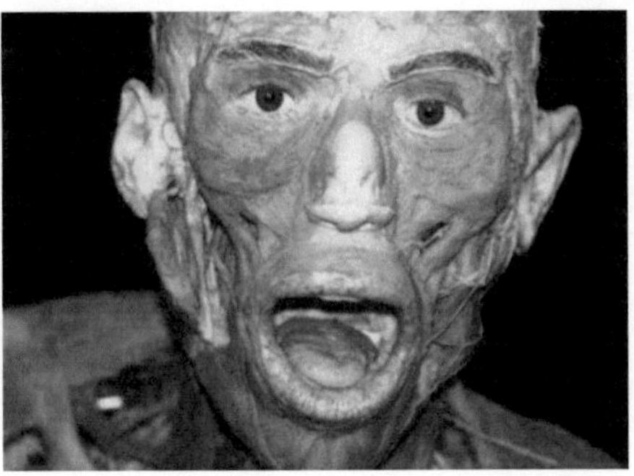

Abb. 11

-Das Kunstmuseum in Bern stellte ein sehr umstrittenes Werk aus China aus: Das Werk besteht aus einem Möwenkörper, an dem ein echter menschlicher Fötus-Kopf aufgenäht wurde. Auf den Kopf wurden Hasenaugen aufgenäht. Der Möwenkörper wurde durch einen Rattenschwanz erweitert. Es gab eine Anklage, sehr viele Debatten und das Sujet wurde vorübergehend entfernt, danach aber wieder ausgestellt. Die Gegner wollten das Werk sogar verbrennen und beim Museum gingen Morddrohungen ein.[8]

---

[7] http://www.koerperwelten.com/de/gunther_von_hagens/leben_wissenschaft.html, Zugriff vom 24.03.2014 14:30

[8] http://www.faz.net/aktuell/feuilleton/kunstmuseum-bern-monsterkopf-chinesische-kunst-erhitzt-berner-gemueter-1252677.html, Zugriff vom 25.03.2014 17:00

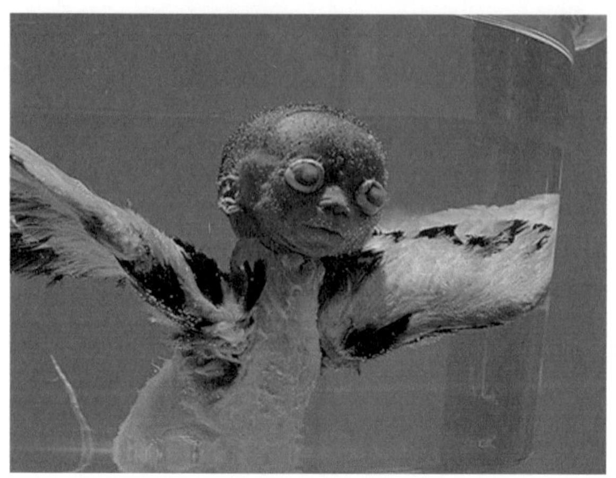

Abb. 12

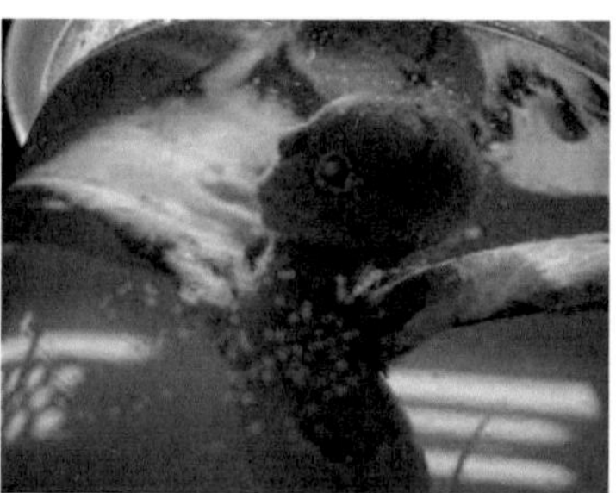

Abb. 13

Nach einem so extremen „Galerie-Besuch", beginnt man sich zu fragen: Was ist das Ziel dieser Menschen? Hat dies wirklich noch immer etwas mit der Kunst zu tun? Oder ist es eher ein Vorhaben, das zum Zweck hat, möglichst bald Ruf zu erwerben?

Hat die Kunst Grenzen? Sollte sie Grenzen haben? Wenn ja warum? Wenn man von Kunst spricht, verbindet man eigentlich auch die künstlerische Freiheit mit ihr. Wenn da irgendwelche Grenzen zu nennen seien, wer sollte sie bestimmen? Wo hört die Kunst auf, Kunst zu sein? Kann man diese Fragen überhaupt beantworten? Eigentlich nicht. Meiner Meinung nach gibt es zurzeit nicht und wird auch nie eine einheitliche Antwort darauf geben, wo die Grenzen der Kunst sind. Die Kunst ist ein zu umfangreiches Thema. Sie wird auf der ganzen Welt geschaffen unter verschiedenen Menschen, Kulturen, Religionen und mit verschiedener Empathie. Die Empfänger reagieren mit verschiedener Empfindlichkeit auf die Werke der Künstler. Nicht selten kommt es zu Kontroversen zwischen den Gläubigen und Kunstschaffenden. Darf die Kunst religiöse Gefühle verletzen? Grenzen zu schaffen war schon immer auf allen Gebieten eine schwere und komplizierte Aufgabe. Auch in der Kunst. Deswegen sollte vielleicht häufiger der Leitgedanke von Immanuel Kant *Die Freiheit des Einzelnen endet dort, wo die Freiheit des Anderen beginnt* begeht werden.

Bevor wir aber etwas verurteilen, sollten wir allerdings nicht vergessen, dass eins der wichtigsten Ziele der Kunst ist, Betrachter zu animieren und sich mit der Intention des Künstlers auseinanderzusetzen. Oftmals wird die Intention des Künstlers dabei in indirekter Form durch das Kunstwerk vermittelt und ist nicht sofort für die sich mit dem Kunstwerk befassenden Menschen verständlich. Dadurch werden diese Menschen zum Nachdenken angeregt, sie sollen verstehen, analysieren und interpretieren. Solange der Künstler eine Botschaft dem Rezipientenkreis übermitteln will, ist es auch verständlich, dass er auf sein Kunstwerk aufmerksam machen muss. Dabei bedient er sich verschiedener Mittel. Vielleicht muss Kunst heutzutage schockieren, da die Empfänger es verlangen? Sie sind heutzutage an verschiedene Arten der Unterhaltung gewöhnt, die ständig überraschen. Man kann die Kunst auch als eine Art der Widerspiegelung unserer derzeitigen Gesellschaft erfassen. Es kann sein, dass die Kunst so handeln muss, weil wir Menschen keine andere Form von Kunst wahrnehmen wollen?

Das Problem, welches sich jedoch aus Provokationen und Tabubrüchen ergeben kann, ist ersichtlich: Die Rezipienten sind häufiger schockiert als begeistert von dem Kunstwerk und verurteilen es. Sie setzen sich zwar noch immer mit dem Werk auseinander und diskutieren darüber, trotzdem wird das dargestellte Problem weniger behandelt, als man es sich wünsche.

Des weiteren verkommt Kultur immer häufiger in unserer heutigen Konsumgesellschaft zu Ware. Es wird versucht, aus Kunst Gewinn zu machen, was leider dazu führt, dass überwiegend eine solche Kunst gemacht wird, die sich verkaufen lässt.

Dadurch besteht solch eine Gefahr, dass die Kunst mittlerweile an Bedeutung verliert und damit schwächt auch ein weiteres ihrer wesentlichen Ziele - nämlich die Verwandlung. Ohne Kunst, stagniert die Entwicklung des Menschen, sowohl in kultureller, als auch in gesellschaftlicher Hinsicht.

Doch andrerseits macht Provokation Kunst erst zu dem, was sie ist: Sie regt Menschen zum Nachdenken an. Da die Kunst ein wichtiges Ausdrucksinstrumente ist, darf sie nicht eingeschränkt werden. Eine Zensur der künstlerischen Freiheit würde unser gesamtes kulturelles Verständnis ändern, es würde nur noch standardisierte und nicht innovative Ideen geben.

Die Kunst muss auf sich aufmerksam machen, um ein bedeutendes Problem zu veranschaulichen. Doch das wichtigste ist es, dass sie eine Botschaft mit sich bringt. Einen wahren Künstler erkennt man vor allem an seiner Empathie. Dabei spielen die künstlerischen Fähigkeiten auch eine erhebliche Rolle. Wenn die Darstellung seiner künstlerischen Botschaft mit entsprechendem Mitgefühl und Kunstfertigkeit wenn auch mittels Schock realisiert wird, ist es viel wahrer, weil es mit Überzeugung gemacht wird und nicht nur für Geld und Ruhm, was heute leider oft der Fall ist.

Natalie Mazur

Abbildungsnachweis

Abb.1. http://onlyartimages.blogspot.com/2011/03/andres-serrano.html; Zugriff vom 24.03.2014, 17:06 Uhr

Abb.2. http://onlyartimages.blogspot.com/2011/03/andres-serrano.html; Zugriff vom 25.03.2014, 14:09 Uhr

Abb.3. http://onlyartimages.blogspot.com/2011/03/andres-serrano.html; Zugriff vom 24.03.2014, 17:00 Uhr

Abb.4. http://www.artnet.com/auctions/artists/andres-serrano/the-unborn; Zugriff vom 24.03.2014, 18:00 Uhr

Abb.5. http://www.hvcca.org/current-exhibitions/; Zugriff vom 24.03.2014, 17:30 Uhr

Abb.6. http://www.photography-now.com/artist/edward-tyler-nahem-fine-art-102; Zugriff vom 24.03.2014, 18:06 Uhr

Abb.7. http://www.basis-wien.at/avdt/avdt/htm/071/00052295.htm; Zugriff vom 25.03.2014, 19:15 Uhr

Abb.8. http://www.basis-wien.at/avdt/avdt/htm/071/00052295.htm; Zugriff vom 24.03.2014, 19:16 Uhr

Abb.9. http://www.occupyforanimals.org/hermann-nitsch.html; Zugriff vom 24.03.2014, 17:00 Uhr

Abb.10.http://www.occupyforanimals.org/hermann-nitsch.html; Zugriff vom 24.03.2014, 17:35 Uhr

Abb.11. http://www.racjonalista.pl/kk.php/s,4055; Zugriff vom 24.03.2014, 17:26 Uhr

Abb.12. http://www.rts.ch/info/toute-info/973430-polemique-autour-de-l-exposition-d-art-chinois-au-kunst-museum-de-berne.html; Zugriff vom 25.03.2014, 19:18 Uhr

Abb.13. http://www.artnet.de/magazine/skulptur-ruan-des-chinesischen-kunstlers-xiao-yu-darf-wieder-ausgestellt-werden/; Zugriff vom 25.03.2014, 19:14 Uhr